HISTOIRE & ACTUALITÉ

NAPOLÉON BONAPARTE

L'Empereur des Français, un géant de l'Histoire

Par Hadrien Nafilyan

50MINUTES.fr

NAPOLÉON BONAPARTE

INTRODUCTION

Il existe des similitudes entre le commencement de la vie de Napoléon Bonaparte et sa fin : né sur une île sous le règne d'un Bourbon, il meurt sur une autre île à la tête de laquelle se trouve un autre Bourbon. Pourtant, entre ces deux périodes, il aura changé la face de l'Europe, presque du monde, à la suite d'une ascension fulgurante qui, en dix ans, le conduit à dominer militairement, politiquement et administrativement tout un continent.

Général de la Révolution à 26 ans, chef du gouvernement à 30 ans, empereur à 35 ans : ce destin extraordinaire pour un homme issu d'un milieu modeste s'explique certes par ses qualités exceptionnelles, mais également par le contexte national et international de son temps. Il apparaît au début des années 1800 comme le sauveur de la Révolution et, pour la garantir contre ses ennemis tant intérieurs – royalistes farouches et républicains intransigeants – qu'extérieurs – l'Autriche, la Russie, la Prusse et surtout l'Angleterre –, il n'a d'autre choix que de monter en puissance, soutenu par la majorité des Français.

Avancer toujours pour ne pas tomber, c'est enchaîner les grandes décisions destinées à ménager les royalistes » en instaurant le Concordat et en accordant l'amnistie aux émigrés – et à satisfaire les républicains – en sauvegardant les acquis de la Révolution, qu'ils soient civiques, comme l'égalité, ou territoriaux, comme la Belgique. C'est aussi mater toute opposition, en exécutant le duc d'Enghien d'une part et en supprimant le pouvoir des assemblées d'autre part. C'est enfin se lancer dans des guerres chaque fois plus coûteuses économiquement, financièrement et humainement.

En somme, Napoléon s'attache inlassablement à établir et à préserver la paix, à l'extérieur comme à l'intérieur de ses frontières. C'est d'abord d'elle qu'il tire sa raison d'être. Les Français lui savent gré d'avoir mis un terme à dix ans d'anarchie et de divisions fratricides, et les traités de paix européens qu'il signera seront toujours favorablement accueillis pas l'opinion publique. La paix, c'est aussi ce qui lui permet de bâtir et de réformer le pays, notamment en établissant les « masses de granit », les institutions civiles sur lesquelles repose encore la France d'aujourd'hui. Napoléon est au moins autant administrateur que conquérant.

À la différence d'un monarque issu d'une dynastie établie, ou d'un président dont l'exercice est encadré par des institutions, Napoléon n'a jamais eu d'autre légitimité que celle qu'il aura su se créer, et qui, malgré tous ses efforts pour l'enraciner dans l'histoire, restera toujours fragile auprès de la population française, et jamais acquise auprès des monarchies européennes qui ne cesseront de le combattre jusqu'à sa chute finale.

Bon à savoir

On réserve habituellement la dénomination simple de Napoléon au temps de l'Empire, c'est-à-dire à partir de 1804. Avant cette date, il est d'usage de l'appeler par son nom, Bonaparte.

DONNÉES CLÉS

- **Naissance ?** Le 15 août 1769 à Ajaccio (Corse).
- **Mort ?** Le 5 mai 1821 sur l'île Sainte-Hélène (île britannique située dans l'Atlantique Sud).
- **Apports majeurs ?** En tentant de réaliser une synthèse entre l'Ancien Régime et les acquis fondamentaux de la Révolution française (1789), il jette les bases du monde contemporain.

LA VIE DE NAPOLÉON BONAPARTE

UNE JEUNESSE CORSE

Napoléon Bonaparte naît le 15 août 1769 à Ajaccio, dans une Corse tout juste annexée par la France (1768), au sein d'une famille de petite noblesse, aisée sans être riche. Son père, rallié au parti français, est avocat au Conseil supérieur de la Corse puis député de la noblesse en 1777. Napoléon se rend pour la première fois sur le continent en 1778 pour y suivre sa formation militaire, d'abord à l'école royale de Brienne, puis à l'École militaire de Paris, dont il sort artilleur en 1785. Il se montre bon élève au cours de ses études, mais d'un tempérament mélancolique et solitaire.

La famille de Napoléon

Des quatorze enfants du couple formé par Charles Bonaparte (1746-1785) et Letizia Ramolino (1750-1836), huit survivront. Joseph (1767-1844), futur roi de Naples et d'Espagne, est l'aîné ; Napoléon le second, puis viennent Lucien (1775-1840), Élisa (1777-1820), grande duchesse de Toscane, Louis (1778-1846), futur roi de Hollande, Pauline (1780-1825), Caroline (1782-1839), reine de Naples et épouse de Joachim Murat (1767-1815), et enfin Jérôme (1784-1860), futur roi de Westphalie. Une famille parfois indocile et encombrante pour Napoléon, mais dont il se sert pour asseoir son pouvoir en les plaçant sur les trônes des monarchies européennes.

De 1785 à 1793, Napoléon, quoiqu'officier français, est tout entier tourné vers la Corse. C'est là qu'il voit son avenir. Alors antifrançais, il s'engage auprès de Pascal Paoli (1725-1807), chef de file du parti des patriotes hostiles à l'occupation française, avec lequel il rompra en 1793, Paoli devenant trop contre-révolutionnaire à son goût. De 1789 à 1793, de permissions en renvois, il reste l'équivalent de trois ans en Corse, et manque donc la Révolution qui est en train de se dérouler dans la capitale.

LE SAVIEZ-VOUS ?

Bonaparte a d'abord songé à devenir écrivain. Il s'est essayé à la rédaction d'une Histoire de la Corse dans sa jeunesse, ainsi que de deux ou trois œuvres de fiction, dont Clisson et Eugénie. Il gardera toute sa vie ce goût pour l'écriture.

L'ASCENSION

Il parvient à rattraper l'histoire nationale lorsque, obligé de fuir la Corse avec sa famille, il reprend du service dans les armées révolutionnaires, tant pour des raisons financières qu'idéologiques. Il se fait remarquer lors du siège de Toulon, repris aux Anglais en décembre 1793, mais c'est sa répression de l'insurrection royaliste à Paris au mois d'octobre 1795 (vendémiaire an IV) qui marque le tournant de sa carrière. Le général Vendémiaire, comme on le surnomme, fréquente alors la haute société, où il rencontre Joséphine (1763-1814), veuve d'Alexandre de Beauharnais (1760-1794), qu'il épouse en mars 1796, à 27 ans.

Eau-forte de Gabriel Berthault représentant l'attaque de la Convention nationale le 13 vendémiaire an IV.

Joséphine

Née Marie-Josèphe Rose Tascher de La Pagerie en Martinique au sein d'une riche famille de colons, celle que Bonaparte appellera plus tard Joséphine mais qui se fait alors appeler Rose est unie à Alexandre de Beauharnais en 1779, dont elle a deux enfants, Eugène (1781-1824) et Hortense (1783-1837), qui deviendra l'épouse de

Louis Bonaparte en 1802 et la mère de Louis-Napoléon, futur Napoléon III (1808-1873). Bien que Joséphine le trompe de manière notoire au début de leur relation, Bonaparte lui fera partager son destin jusqu'en 1809, date à laquelle il la répudie, celle-ci ne pouvant lui donner d'héritier. Il conservera jusqu'au bout de l'affection pour cette femme qui, par ses relations et ses talents mondains, contribuera de façon significative à son ascension.

Les victoires de la première campagne d'Italie, en 1796-1797, contre l'Autriche et la paix de Campoformio qui en découle jouent un rôle capital dans la gloire du jeune Bonaparte, qui est élu à l'Institut le 25 décembre 1796. Inquiet de son prestige, le Directoire l'envoie en Égypte (1798-1799) dans le but de couper la route des Indes aux Anglais. La campagne est un échec, mais Bonaparte en ressort paradoxalement grandi : on en retient l'exotisme et les fructueux résultats scientifiques du voyage. À son retour, la grande instabilité politique dont Paris est la proie lui donne l'occasion de prendre le pouvoir.

L'APOGÉE

Le coup d'État du 18 brumaire an VIII (9 novembre 1799) marque le début de l'épopée napoléonienne. Nommé premier consul en 1800, puis consul à vie en 1802, il est sacré empereur le 2 décembre 1804. Jusqu'en 1808, sa puissance ne connaît pas de limites. Vainqueur des différentes coalitions formées contre lui notamment par l'Angleterre, l'Autriche, la Russie et la Prusse, il annexe peu à peu une grande partie de l'Europe. Désireux de venir à bout de l'Angleterre, il décrète en 1806 le Blocus continental, système crucial dans sa lutte contre l'île.

Napoléon est aussi un grand réformateur. Outre les « masses de granit », il instaure en 1801 le Concordat, qui rétablit les relations entre la France et la papauté et proclame la liberté de culte. Au cours des mêmes années, il parvient à redresser les finances et l'économie du pays en établissant une monnaie stable, le franc germinal.

Mais, pour beaucoup, il va trop loin lorsqu'il crée en 1808 la noblesse d'Empire, épouse en 1810 Marie-Louise d'Autriche (1791-1847), petite-nièce de Marie-Antoinette (1755-1793), dont il aura un héritier, le roi de Rome, et retient captif le pape Pie VII (1742-1823) de 1809 à 1813 pour l'astreindre à fermer les États pontificaux au commerce anglais.

LA CHUTE

À partir de 1808, le destin de l'Empire bascule. C'est d'abord l'enlisement de la situation militaire en Espagne, que Napoléon occupe pour contrer les Anglais qui tentent d'y briser le blocus, puis la reprise de la guerre contre les coalisés, qui culmine en 1812 avec la désastreuse campagne de Russie. Peu à peu les alliés reprennent les territoires conquis par la France, jusqu'à se trouver aux portes de Paris en mars 1814. Après avoir dit adieu à sa Vieille Garde, Napoléon abdique le 6 avril 1814 à Fontainebleau. Il tente quelques jours plus tard de s'empoisonner.

Il est assigné à résidence sur l'île d'Elbe (île italienne située dans la mer Tyrrhénienne), sur laquelle on l'autorise à régner sous son titre d'empereur, mais dont il s'enfuit le 26 février 1815 pour récupérer le pouvoir à Paris, profitant du mécontentement provoqué par le retour sur le trône de Louis XVIII (1755-1824). S'ouvre ainsi la période des Cent-Jours, durant laquelle Napoléon rassemble autour de lui les dernières énergies du pays, et qui s'achève par une seconde abdication le 22 juin, quatre jours après la défaite de Waterloo face aux coalisés.

Napoléon Ier quittant l'île d'Elbe, le 26 février 1815, tableau de Joseph Beaume, 1836.

Il songe un temps à trouver refuge en Amérique mais, refusant de s'enfuir, il se livre aux Anglais qui le déportent sur l'île Sainte-Hélène où il meurt en 1821, après six ans de captivité. Il faut attendre 1840 pour que Louis-Philippe fasse rapatrier sa dépouille en France lors d'une grande cérémonie, et l'inhume à l'hôtel des Invalides, où elle repose toujours.

La mort de Napoléon

Les médecins qui ont autopsié le corps de Napoléon dans les jours suivant son décès en ont attribué la cause à un cancer de l'estomac. Les chercheurs modernes, après analyse des divers procès-verbaux d'autopsie, penchent plutôt pour l'hypothèse d'un ulcère gastrique aggravé. En revanche, la thèse de l'empoisonnement à l'arsenic, parfois suggérée, est réfutée par la majorité des historiens.

CONTEXTE

LA QUESTION CORSE

C'est en 1768 que la Corse est vendue à la France par la République de Gênes, qui dominait l'île depuis le XIVe siècle, mais qui est désormais incapable de réprimer les révoltes des nationaux corses menés par Pascal Paoli. Les patriotes sont définitivement vaincus par les troupes françaises deux mois avant la naissance de Bonaparte. La Corse est alors divisée en deux factions rivales : les partisans de l'annexion par la France, parmi lesquels Charles Bonaparte, et les paolistes indépendantistes, dont Napoléon sera proche. Ces derniers se partagent au moment de la Terreur révolutionnaire (1792-1794) entre les partisans de l'Angleterre et les partisans de la Convention. Paoli est favorable aux premiers, Napoléon fait partie des seconds, d'où leur rupture et la fuite de la famille Bonaparte sur le continent, Paoli confiant la Corse aux Anglais jusqu'à sa reconquête par l'armée d'Italie en avril 1796.

LA PREMIÈRE COALITION (1792-1797)

D'abord modérée dans ses principes et ses perspectives, la Révolution s'accélère à partir de 1792, la France se montrant alors agressive à l'encontre des monarchies voisines. L'abolition de la monarchie constitutionnelle en septembre 1792, la décapitation de Louis XVI le 21 janvier 1793 et les velléités expansionnistes des révolutionnaires enveniment considérablement la situation, qui débouche sur la première coalition formée entre autres par l'Autriche, le Royaume de Piémont-Sardaigne et la Grande-Bretagne. Face à cette menace, la Révolution mobilise toutes les forces vives de la nation. C'est dans ce contexte que Bonaparte arrive sur le continent et chasse les Anglais de Toulon, puis mène sa première campagne d'Italie contre l'Autriche, et signe le traité de Campoformio qui met fin à la première coalition le 18 octobre 1797.

Les puissances européennes à la fin du XVIIIe siècle

Outre la France, on compte cinq grandes entités étatiques en Europe à la fin du XVIIIe siècle, à commencer par les territoires sur lesquels domine la maison d'Autriche, alors représentée par François II (1768-1835). Il s'agit du Saint Empire romain germanique, qui regroupe une multitude de petits États correspondant grosso modo à l'actuelle Allemagne, le royaume de Bohême (actuelle République tchèque), la Belgique, l'Italie du Nord et le royaume de Hongrie. Les autres grandes puissances sont la Grande-Bretagne, la Russie – sur laquelle règne Paul Ier (1754-1801) puis Alexandre Ier (1777-1825) – l'Espagne et la Prusse, initialement intégrée au Saint Empire mais que les conquêtes de Frédéric II (1712-1786) ont étendu à la Pologne et à l'actuelle Lituanie.

À ces cinq entités majeures, il faut encore ajouter les Provinces-Unies, recoupant partiellement les actuels Pays-Bas ; le royaume des Deux-Siciles sous domination des Bourbons, comprenant l'Italie du Sud et la Sicile ; les États pontificaux de l'Italie centrale ; le royaume de Sardaigne, qui rassemble l'île et le Piémont italien ; enfin le Portugal et la Suisse.

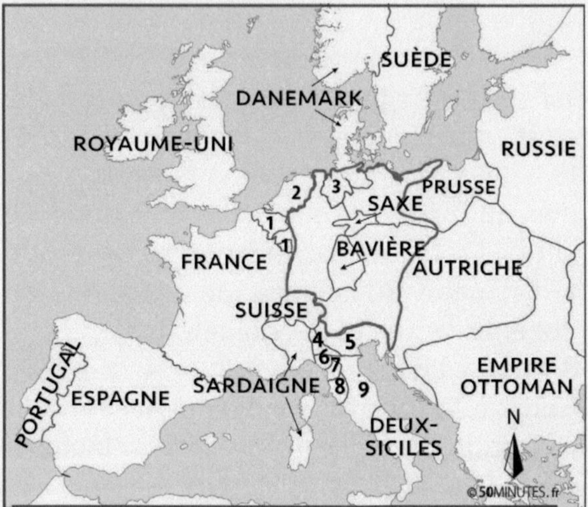

Limites du Saint Empire romain germanique

1 Pays-Bas autrichiens
2 Provinces-Unies
3 Hanovre
4 Milan (Autriche)
5 République de Venise
6 Parme
7 Modène
8 Toscane
9 États pontificaux

L'Europe à la fin du XVIIIe siècle

LA PREMIÈRE RÉPUBLIQUE (1792-1799)

Bonaparte fait ses premières armes sous le régime de la Terreur, épisode de la Révolution au cours duquel la Convention, dominée par les républicains extrémistes que sont les jacobins, multiplie les massacres de masse et les décisions arbitraires. Cette période troublée s'achève le 28 juillet 1794 par l'exécution de la frange la plus radicale des jacobins, dont font partie Maximilien de Robespierre (1758-1794) et son frère, Augustin (1763-1794), ami de Bonaparte. Après une tentative d'évolution de la Convention, celle-ci est supprimée et une nouvelle constitution instaure le Directoire le 26 octobre 1795. Des cinq directeurs alors institués, le plus important est Paul Barras (1755-1829), qui fait appel au mois d'octobre 1795 à Bonaparte pour l'aider à réprimer l'insurrection royaliste de Paris. Le jeune général fréquente alors les sphères du pouvoir.

Le coup d'État du 18 Brumaire an VIII

Mais cette forme de gouvernement montre rapidement ses faiblesses et son incapacité à se défendre contre ses ennemis intérieurs – essentiellement les royalistes – et extérieurs. C'est que, la première coalition à peine dissoute, une deuxième se met en place à la fin de l'année 1798, face à laquelle le Directoire multiplie les revers. Il semble alors urgent à l'un des derniers directeurs, Emmanuel Sieyès (1748-1836) de proclamer une nouvelle constitution établissant un gouvernement plus fort. Pour l'aider dans son entreprise, il a besoin du concours d'un militaire et porte son choix sur Bonaparte, qui rentre à peine d'Égypte. Mais le général détourne le coup d'État, qui a lieu le 18 Brumaire an VIII (9 novembre 1799), à son profit : les deux autres consuls, Jean-Jacques de Cambacérès (1753-1824) et Charles-François Lebrun (1739-1824) lui sont subordonnés.

Le général Bonaparte au Conseil des Cinq-Cents, à Saint-Cloud, le 10 novembre 1799, tableau de François Bouchot, 1840.

LA SITUATION EN 1800

Lorsque Bonaparte prend la tête du Consulat instauré par la Constitution de l'an VIII, la France est épuisée par dix ans de révolution et de guerres civiles et étrangères, au point que personne ne s'oppose à son coup de force qui se déroule sans violence. Au contraire, on voit d'un bon œil le retour de l'autorité, seule à même de pacifier le territoire, de lutter contre le brigandage et de conduire une guerre efficace contre les coalitions. Par ailleurs, la situation économique est très mauvaise et les finances sont en crise. Le Directoire met en place une série de réformes, dont les résultats se feront sentir sous le Consulat et dont Bonaparte récoltera les fruits.

Surtout, l'avenir de la Révolution est en jeu. Les monarchistes menacent de renverser une république devenue fragile. L'élite politique, encore largement issue des assemblées révolutionnaires et dont une bonne partie a voté la mort de Louis XVI, craint les représailles que provoquerait le retour de la monarchie. La bourgeoisie révolutionnaire redoute de voir l'égalité, la liberté ou encore la suppression des corporations remises en cause. Quant aux bénéficiaires, essentiellement issus de la paysannerie, de la vente des biens nationaux, c'est-à-dire des possessions de l'Église et des aristocrates confisquées par la Révolution, ils s'inquiètent de devoir les rendre à leurs propriétaires d'origine. La plupart des Français attendent donc la confirmation des acquis fondamentaux de la Révolution et l'établissement d'un gouvernement fort, apte à les protéger.

LA FRANCE SEULE CONTRE TOUS

Les différents États sous domination impériale française n'ont pas le même statut : on distingue les pays dépendants, mais conservant une certaine autonomie, et les territoires annexés devenus départements français à part entière. C'est le cas de la Belgique et de tous les États situés sur la rive gauche du Rhin. Ces nouveaux départements, conquis par la Convention dès 1792, sont rendus inaliénables par la Constitution de l'an VIII, stipulant que la République est une et indivisible, et Napoléon s'engage à conserver intact l'héritage territorial de la Révolution.

Or, pour des raisons politiques et économiques, l'annexion de la Belgique par la France est inacceptable pour l'Angleterre, qui se refuse à toute paix et forme coalition sur coalition. Battus à plusieurs reprises, ses alliés terrestres seront prêts à céder à la puissance napoléonienne, mais à chaque fois l'Angleterre relance l'offensive. Napoléon sait qu'il ne peut y avoir de paix stable tant que la Grande-Bretagne n'est pas vaincue. Toute sa politique vise donc à l'abattre. Renonçant à un débarquement, rendu impossible depuis l'anéantissement de la flotte française à Trafalgar le 21 octobre 1805, il met en place le Blocus continental, destiné à asphyxier l'économie anglaise. Et c'est dans le but d'étendre ce blocus qu'il cherche à établir des traités d'alliance ou à conquérir les États des rives atlantiques et méditerranéennes. Enfin, c'est encore pour contrer l'Angleterre qu'il s'aventure en Espagne et au Portugal, et qu'il se lance dans la campagne de Russie.

Napoléon et l'Amérique

En 1802, Napoléon décide d'envoyer une expédition à Saint-Domingue, dans un premier temps pour rétablir l'autorité de la France mise à mal par la révolte des esclaves, conduite par Toussaint Louverture (1743-1803), et dans un second temps en vue de s'en servir comme base arrière à l'occupation de la Louisiane, rétrocédée à la France par l'Espagne en 1800. Toutefois, l'expédition de Saint-Domingue étant un échec, Napoléon renonce à toute politique américaine et décide de vendre la Louisiane aux États-Unis en 1803. Les relations franco-américaines restent par ailleurs froides durant toute la période : les Américains regrettent le glissement monarchique de la France et se trouvent pénalisés par le Blocus continental, tandis que les Français n'admettent pas que les États-Unis continuent à commercer avec leurs colonies révoltées et l'Angleterre. Quant à l'Amérique du Sud, tous les efforts de Napoléon tendront à ce que les anciennes colonies rebelles de l'Espagne ne tombent pas entre les mains de l'Angleterre.

LE RETOUR À L'ÉQUILIBRE

À la chute de Napoléon en 1814, et a fortiori en 1815, l'Europe semble retrouver l'équilibre politique qu'elle avait perdu depuis la Révolution française. Toutefois, au cours du congrès de Vienne qui s'achève le 9 juin 1815, les vainqueurs se partagent l'Europe selon des frontières qui, n'étant pas exactement celles de 1789, sont à l'avantage de la Prusse, de l'Autriche, et de la Russie.

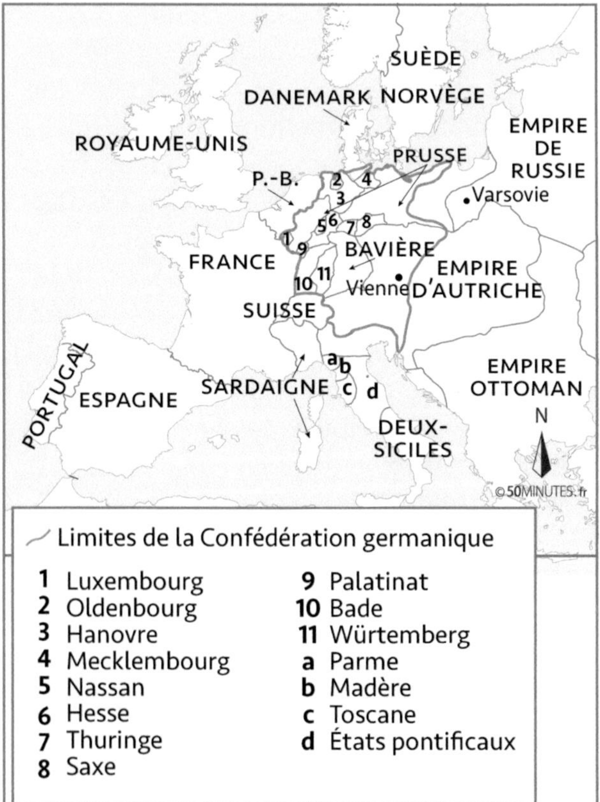

L'Europe du congrès de Vienne (1815)

En France, non sans hostilité, la monarchie est rétablie sous une forme constitutionnelle au profit de Louis XVIII. La Restauration s'engage d'abord sur une voie libérale, mais, sous la pression des ultras, des monarchistes partisans d'un retour à l'Ancien Régime sans concession, elle prend un tour de plus en plus rétrograde. Cependant, exilé au bout du monde, Napoléon n'est plus concerné par ces événements. Lui qui de 1800 à 1815 fut le créateur du contexte historique mondial dans lequel il a évolué, est désormais complètement en marge de l'histoire.

TEMPS FORTS

LE GÉNÉRAL BONAPARTE

La première campagne d'Italie (1796-1797)

Face à la première coalition, le Directoire décide d'attaquer l'Autriche. Tandis que les généraux Jourdan (1762-1833) et Moreau (1763-1813) passent par l'Allemagne, le général Bonaparte se voit confier les 50 000 hommes de l'armée d'Italie, qu'il rejoint en mars 1796. La campagne est un succès total, il court de victoire en victoire. Il remporte le 10 mai 1796 la bataille du pont de Lodi qui lui ouvre les portes de Milan. Non moins célèbre est la bataille du pont d'Arcole, qui se déroule du 15 au 17 novembre 1796, au cours de laquelle Bonaparte fait acte de bravoure en passant le pont à la tête de ses troupes. La campagne s'achève par le traité de Campoformio signé avec l'Autriche le 18 octobre 1797.

La bataille de Lodi, tableau de Louis-François, baron Lejeune, 1804.

C'est lors de cette première campagne comme général d'armée que Bonaparte révèle les qualités qui feront sa fortune militaire : une autorité qui en impose aux officiers ; la fidélité qu'il sait obtenir des soldats par l'attention qu'il leur porte et par son tempérament ; une maîtrise du déroulement des opérations qui laisse peu de marge au hasard ; une tactique fondée sur l'action offensive et des mouvements rapides grâce auxquels il surprend l'ennemi. Il est là où on ne l'attend pas et, afin de contrôler un maximum d'espace, sépare habilement ses troupes – rarement de plus d'une journée de marche pour qu'elles puissent se rejoindre en cas de contact avec l'ennemi et l'enfoncer en bloc. Le fait qu'il ait supprimé l'intendance et qu'il fasse vivre son armée sur les pays qu'elle traverse rend possible cette grande mobilité.

Outre les victoires, la fortune des exploits de Bonaparte tient en bonne partie à la manière dont il sait les mettre en valeur, et ce d'abord auprès de ses soldats. Il crée à leur intention plusieurs journaux, dont Le Courrier de l'armée d'Italie ou Le Patriote français à Milan, qu'il distribue gratuitement et dans lequel ses actes sont glorifiés et sa personnalité exaltée, d'un style parfois propre à les rendre légendaires : « Il vole comme l'éclair et frappe comme la foudre. Il est partout et il voit tout. » (cité par TULARD (Jean), *Napoléon ou le mythe du sauveur*, Paris, Fayard, 1987, p. 84) Ces feuilles, dont il est souvent lui-même l'auteur, sont indirectement destinées à la France, où elles sont tout de même largement diffusées. Ce génie de la propagande, Bonaparte le montrera tout au long de sa carrière.

L’expédition d’Égypte (1798-1799)

Officiellement, la campagne d’Égypte a pour but de couper la route des Indes aux Anglais et, dans un second temps, d’accroître les ressources économiques de la France. Mais c’est aussi pour le Directoire un moyen d’écarter un général dont la gloire, acquise lors de la campagne d’Italie, constitue une menace. Pourtant, c’est Bonaparte lui-même qui propose l’expédition. Il y voit l’occasion d’accroître encore son prestige par des conquêtes lointaines menées dans un Orient fabuleux, se rêve déjà à Constantinople et même sur les traces d’Alexandre le Grand (356-323 av. J.-C.), aux Indes.

Du reste, à l’image du prince macédonien, Bonaparte s’entoure des plus éminents savants. La campagne guerrière se double ainsi d’une expédition scientifique, dont la résonnance considérable fera oublier les échecs militaires, au point que l’épisode d’Égypte restera comme un succès dans la mémoire nationale. Il fonde au Caire, à l’été 1798, l’Institut d’Égypte dont les membres rassemblent leurs travaux dans la monumentale Description de l’Égypte, publiée de 1809 à 1818. C’est lors de cette expédition qu'est découverte la pierre de Rosette, qui permettra à Jean-François Champollion (1790-1832) de déchiffrer les hiéroglyphes en 1821.

Les membres de l'expédition d'Égypte

Parmi les 167 savants et artistes répartis dans 18 spécialités - Bonaparte lui-même s'est fait inscrire en tant que géomètre –, on compte entre autres des mathématiciens, des chimistes, des astronomes, des naturalistes, des géographes, des ingénieurs, des architectes, des dessinateurs, des imprimeurs, des hommes de lettres, un sculpteur et même un pianiste. Certains membres sont célèbres, comme le mathématicien Gaspard Monge (1746-1818), les chimistes Claude Berthollet (1748-1822) et Nicolas-Jacques Conté (1755-1805) - l'inventeur des crayons du même nom –, le naturaliste Étienne Geoffroy Saint-Hilaire (1772-1844) et les dessinateurs Pierre-Joseph Redouté (1759-1840) et l'archéologue Vivant Denon (1747-1825). Le poète François-Auguste Parseval-Grandmaison (1759-1834) est, quant à lui, chargé de chanter les exploits de l'expédition.

La traversée de la Méditerranée se fait sans encombre, bien que la flotte anglaise, sous les ordres de l'amiral Horatio Nelson (1758-1805), cherche à intercepter les navires français. L'île de Malte est conquise au passage, puis l'équipée débarque le 1er juillet 1798 dans la baie d'Alexandrie. La ville est prise sans coup férir. L'Égypte est alors une province ottomane, contrôlée par les mamelouks, contre lesquels s'engage la bataille des Pyramides, le 21 juillet 1798. C'est au cours de sa harangue précédant la bataille que Bonaparte aurait eu la célèbre formule : « Soldat [...] Dites-vous que, du haut de ces monuments, quarante siècles vous regardent. » (cité par Benoist-Méchin (Jacques), *Bonaparte en Égypte ou le rêve inassouvi*, Paris, Perrin, 1978, p. 103) La supériorité tactique et technique des Français fait la différence, malgré des conditions climatiques très pénibles, et Bonaparte s'empare du Caire, où il établit son quartier général.

Tableau représentant la bataille des Pyramides.

L'anéantissement des navires français par la flotte anglaise dans la baie d'Aboukir le 2 août 1798 vient assombrir brusquement la situation. L'armée française, désormais coupée de la métropole, doit faire face seule aux maladies, à l'hostilité des indigènes qui se révoltent au Caire le 21 octobre 1798, et à l'entrée en guerre des Turcs. Bonaparte se porte au-devant de ces derniers, les vainc à Gaza, prend la ville de Jaffa le 7 mars 1799 puis assiège Saint-Jean-d'Acre en Syrie. Après huit assauts infructueux, il lève le siège en mai 1799. Il doit d'urgence revenir en Égypte pour empêcher un débarquement turc à Aboukir. Cette bataille est une victoire, mais elle n'est pas suffisante pour changer l'opinion française, qui, en partie intoxiquée par la propagande anglaise, décrie les actions de Bonaparte. Il décide donc de retourner au plus vite à Paris pour se justifier, et quitte secrètement l'Égypte le 23 août 1799 en abandonnant son armée, confiée à Jean-Baptiste Kléber (1753-1800).

La campagne d'Égypte, à elle seule, résume Napoléon. Elle révèle d'abord la portée des ambitions d'un homme qui ne craint plus de se comparer à Alexandre le Grand, mais qui reste cependant dépourvu de tout dogmatisme. Cette absence d'idéologie l'amène à respecter les croyances et coutumes des pays qu'il occupe et même à les encourager pour se rallier la population, au point qu'il envisage un temps de se convertir à l'islam. Un pragmatisme qui, poussé à l'extrême, supprime tout état d'âme. C'est ainsi qu'il n'hésite pas à massacrer 3 000 prisonniers turcs, n'ayant pas de quoi les nourrir, et à empoisonner plusieurs dizaines de ses soldats touchés par la peste à Jaffa, pour ne pas s'en encombrer. Son intérêt, qu'il tend à confondre avec celui de la France, passe avant toute autre considération ; il justifie à ses yeux l'abandon de l'armée d'Égypte, et plus tard, celle de Russie. C'est enfin au cours de cette campagne qu'il manifeste sa capacité à diriger et à administrer un État, qualités qu'il mettra très bientôt à profit en France.

LE CONSUL

L'ère des grandes réformes

Pendant les quatre ans du Consulat (1799-1804), établi au moment du coup d'État du 18 Brumaire an VIII, Bonaparte entreprend les grandes réformes institutionnelles qui ont marqué son règne. C'est l'époque de ce que lui-même appellera plus tard les « masses de granit » que sont le Conseil d'État (créé en 1799), le corps des préfets (1800), la Banque de France (1800), les lycées (1802), l'ordre de la Légion d'honneur (1802), le franc germinal (1803), et surtout le Code civil, promulgué en 1804.

Le Code civil, ou Code Napoléon, encore en vigueur aujourd'hui bien que partiellement remanié, est le fer de lance de la politique de Napoléon, qui ira jusqu'à l'imposer aux départements annexés. Ses grands principes, notamment le régime du patriarcat et la défense de la propriété privée, répondent aux attentes de la bourgeoisie conservatrice et d'une partie de la paysannerie. Le Code civil apporte enfin des règles à un pays en proie à l'anarchie depuis dix ans.

Le saviez-vous ?

Napoléon Bonaparte est un travailleur infatigable. Il dort habituellement quatre à cinq heures par nuit, mais il lui arrive de ne pas dormir pendant deux jours lorsqu'il est en campagne. Estimant que le repas est une perte de temps, il mange en 15 minutes. Il réunit conseil sur conseil, donne directive sur directive, s'intéresse à tout, et souhaite qu'on soumette à son approbation la moindre nomination, la moindre décision. Il lit beaucoup, notamment les historiens de l'Antiquité et les philosophes des Lumières, desquels il s'inspire pour ses réformes.

Cette pacification de la société ne peut toutefois être effective tant que certains Français seront considérés comme indésirables. C'est pourquoi Napoléon offre l'amnistie aux émigrés, dont beaucoup reviennent en France, et décide de mettre un terme aux vexations dont sont victimes les catholiques. Le 15 juillet 1801 est signé avec le Saint-Siège le Concordat, qui reconnaît le catholicisme comme étant la religion de la majorité des Français, mais qui accorde toutefois la liberté de culte aux autres confessions. Afin de mieux contrôler l'Église cependant, Bonaparte se réserve le droit de nommer les évêques.

Bonaparte jure de ne jamais remettre en cause les acquis de la Révolution, amnistie les ennemis et accorde des réparations aux victimes, et finalement stabilise la situation par des réformes qui font presque l'unanimité parmi la population. L'unité nationale semble être en bonne voie ; elle n'est toutefois pas encore acquise.

Les ennemis de l'intérieur

Bien que Bonaparte parvienne à pacifier la Vendée à la suite de négociations, il n'en reste pas moins la cible de royalistes déterminés à le faire disparaître. Tout l'équilibre du système actuel tient à sa seule personne : l'abattre, c'est donc renverser le régime et espérer pouvoir rétablir la monarchie. C'est ainsi que ces royalistes, qui reçoivent le soutien inespéré des Anglais, se font terroristes. Le 24 décembre 1800, Bonaparte échappe de peu à l'attentat de la rue Saint-Nicaise. Il fait toutefois croire qu'il s'agit d'un acte commis par des jacobins, ce qui lui permet de se débarrasser des derniers agitateurs d'extrême gauche.

Trois ans plus tard, une nouvelle conspiration est éventée. Cette fois, non seulement on ne nie pas la culpabilité des royalistes, mais on accuse sans preuve un membre de la famille des Bourbons-Condé, le duc d'Enghien (1772-1804), d'avoir été à la tête du complot. Enlevé en Allemagne où il est réfugié, il est sommairement jugé, condamné à mort et exécuté le 21 mars 1804 dans les fossés de Vincennes. La portée politique de cet événement est claire : « L'exécution du duc d'Enghien, la salve de Vincennes, c'est le "grand acte" qui amène l'Empire, qui met fin aux objections des républicains. » (Bainville (Jacques), *Napoléon*, Paris, Plon, 1933, p. 241). En revanche, il aliène définitivement les royalistes à Bonaparte.

Fouché et Talleyrand, ministres de Napoléon

Révolutionnaire impitoyable, régicide, Joseph Fouché (1759-1820) est ministre de la Police sous le Consulat et l'Empire. Ce génie politique, qui prête main-forte à Bonaparte le 18 Brumaire, se montre redoutablement efficace, mais ne recule devant aucune scélératesse. Plusieurs fois disgracié pour complots avec l'ennemi, toujours rappelé, il trahit encore l'Empereur en 1814, puis en 1815. Rival de Fouché, Charles-Maurice de Talleyrand-Périgord (1754-1838), d'origine aristocratique, est ministre des Relations extérieures. Ce proche conseiller de l'Empereur exerce ses talents de diplomate tant pour le servir que pour le trahir, de sorte qu'il poursuivra sa carrière politique sous la Restauration. C'est à lui que Napoléon dira un jour : « Vous êtes de la merde dans un bas de soie. » (Castelot (André), *Napoléon*, Paris, Perrin, 1968, p. 798)

La seconde campagne d'Italie

À peine nommé consul, Bonaparte doit aller se battre en Italie, où les Français sont en difficulté face à la deuxième coalition formée depuis 1798. Il rassemble d'abord une armée de réserve à Dijon en mars 1800, avant de se porter au secours du général Masséna (1758-1817) assiégé à Gênes par l'armée autrichienne. Pour aller au plus vite et surprendre l'ennemi, il franchit, non sans difficultés, les Alpes par le col du Grand-Saint-Bernard, réputé impraticable. Gênes tombe, mais il bouscule les Autrichiens, tourne leur armée, les bat à Montebello, puis définitivement lors de la bataille de Marengo le 14 juin 1800.

Bonaparte franchissant le Grand-Saint-Bernard, tableau de Jacques-Louis David, 1801.

Cette victoire, succédant à celle de Moreau à Hohenlinden, en Allemagne, débouche sur le traité de Lunéville signé avec l'Autriche en février 1801, par lequel celle-ci reconnaît l'annexion par la France de la Suisse, de la Belgique et de toute la rive gauche du Rhin, outre la plupart de ses territoires italiens. Les victoires françaises étant générales, et le ministre britannique William Pitt (1759-1806), partisan de la guerre, étant renversé, l'Angleterre se décide à signer le traité d'Amiens le 25 mars 1802. Cet accord, quoique précaire, est un énorme succès pour Bonaparte et suscite l'enthousiasme de la population. Il vient d'accomplir l'une des tâches les plus importantes qu'on attendait de lui.

NAPOLÉON IER, L'EMPEREUR

Pourquoi l'Empire ?

Trois grandes raisons sont à l'origine du sacre de Napoléon et de Joséphine en la cathédrale Notre-Dame de Paris, le 2 décembre 1804, avec la bénédiction du pape Pie VII. D'abord, la paix est de courte durée. Les Anglais et les Français n'ayant finalement pas respecté les engagements pris à Amiens, les hostilités reprennent dès 1803. Bonaparte comprend que l'Angleterre n'acceptera jamais l'hégémonie française sur le continent. C'est une lutte à mort qui s'annonce, directement ou par alliés interposés, et pour laquelle il a besoin d'avoir les mains entièrement libres. La Constitution de l'an XII, qui institue l'Empire, accorde donc au futur empereur un pouvoir presque absolu.

Surtout, elle instaure le fait que « la dignité impériale est héréditaire » (Constitution de l'an XII, art. 3). Cet aspect est la conséquence des multiples conspirations qui se sont formées à l'encontre du premier consul. Peu à peu, Napoléon prend conscience que tout ce qu'il est en train de bâtir ne tient qu'à sa vie. Établir l'hérédité, c'est affermir son œuvre en ayant la garantie que, même s'il venait à mourir, sa succession serait assurée. C'est une tentative pour dissocier l'homme du nouvel ordre des choses, et décourager une fois pour toutes ses ennemis de s'en prendre à sa personne. Ne pas instaurer l'Empire et sa conséquence qu'est l'hérédité, c'est risquer à chaque attentat contre Bonaparte le retour à l'anarchie ou à l'Ancien Régime. On convainc ainsi les bénéficiaires de la Révolution de la nécessité d'une telle disposition, d'apparence si contraire aux principes de 1792.

Par ailleurs, Napoléon veut croire qu'en proclamant l'Empire, il sera mieux accepté par les cours européennes. Les monarchies ont été effarouchées par la Révolution française et ses effets qu'ils perçoivent comme autant de provocations : la mise à mort de Louis XVI, la proclamation de la République et la propagation de son idéologie par la guerre. L'Empire doit leur faire entendre que le temps de cette révolution est révolu, que Napoléon n'est plus doctrinalement leur ennemi, et que la paix pourra désormais être établie entre gens du même monde. Il ne réussira toutefois jamais à se faire accepter.

La propagande par les arts

Dès le Consulat, Napoléon comprend tout le parti qu'il peut tirer de l'art pour servir ses ambitions. Il commande aux grands artistes de son temps des œuvres transfigurant les grands moments de son règne. C'est ainsi que, entre autres, Jacques-Louis David (1748-1825) peint Bonaparte franchissant le Grand-Saint-Bernard (1800, château de Malmaison), dont il fait plusieurs versions destinées aux différents lieux de pouvoir, et le Sacre de Napoléon (1808, musée du Louvre) ; qu'Antoine-Jean Gros (1771-1835) représente Bonaparte visitant les pestiférés de Jaffa (1804, musée du Louvre) et la bataille d'Eylau (1808, idem) ; tandis que François Gérard (1770-1837) se spécialise dans les portraits, dont le plus célèbre est le Napoléon Ier sur le trône impérial, en costume de sacre (1805, château de Fontainebleau). Napoléon développe également une architecture puissante, inspirée de l'antiquité, comme en témoignent l'Arc de triomphe (1806-1836) et la colonne Vendôme (1806-1810), tous deux érigés pour commémorer la victoire d'Austerlitz (2 décembre 1805).

L'épopée napoléonienne

La troisième coalition (1805) ayant été une nouvelle fois organisée par l'Angleterre, Napoléon comprend qu'il ne lui sera accordé aucun répit tant qu'il n'aura pas battu les Anglais. Il prépare donc un débarquement massif sur les îles britanniques, que la défaite de Trafalgar le 21 octobre 1805 rend illusoire. Il jette alors la Grande Armée contre les alliés de l'Angleterre, remporte une première victoire sur les Autrichiens à Ulm le 19 octobre 1805, avant d'écraser les forces austro-russes à Austerlitz. Cette bataille, dite des Trois Empereurs, puisque Napoléon fait face à Alexandre Ier de Russie et à François II d'Autriche, est sans doute la plus franche, et tactiquement la plus belle, de toute l'épopée napoléonienne.

LE SAVIEZ-VOUS ?

C'est à l'occasion de cette bataille que Napoléon prononce les paroles fameuses : « Soldats, je suis content de vous [...] Il vous suffira de dire : J'étais à la bataille d'Austerlitz, pour que l'on réponde : Voilà un brave. » (cité par BAINVILLE (Jacques), *Napoléon*, Paris, Plon, 1933, p. 280)

La victoire d'Austerlitz affaiblit considérablement l'Autriche et renforce l'hégémonie de Napoléon, qui réorganise l'Empire. Il regroupe notamment les États allemands en une Confédération du Rhin, au détriment de la Prusse, qui participe alors à la quatrième coalition contre la France (1806-1807). Il ne faut que trois semaines à Napoléon pour occuper Berlin, après avoir balayé les troupes prussiennes à Iéna le 14 octobre 1806. Il s'empare ensuite de la Pologne, où il est accueilli en libérateur – la Russie et la Prusse s'étant partagé le pays en 1793 – puis se lance à la poursuite des Russes, qu'il force à accepter la bataille à Eylau, le 8 février 1807. Pour la première fois, la victoire est difficile, et il faut attendre celle, décisive, de Friedland quatre mois plus tard, pour que soit signé le traité de Tilsit le 7 juillet 1807, traité d'alliance franco-russe dont la principale clause est la fermeture des ports russes au commerce anglais : preuve que, même dans les plaines de l'Est, même face aux Russes, c'est toujours contre l'Angleterre que Napoléon se bat.

C'est que depuis la fin de l'année 1806, Napoléon a décrété le Blocus continental, dont les effets commencent à se faire sérieusement sentir dans les îles britanniques. Les Anglais n'ont de cesse de vouloir le briser, par le nord, ou par le sud. C'est à cette fin qu'ils cherchent à s'allier avec l'Espagne et le Portugal, et c'est pour contrer ce dessein que Napoléon se décide à prendre le contrôle de la péninsule Ibérique en 1808. L'épisode espagnol est toutefois désastreux, et marque le début du déclin de l'Empire napoléonien. Deux grands facteurs expliquent ce phénomène : un peuple ibérique profondément catholique, viscéralement hostile aux Français, associé à la Révolution française ; et un nouveau type de combat, la guérilla, auquel les maréchaux français doivent faire face, livrés à eux-mêmes et laissant libre cours à leur rivalité.

Le saviez-vous ?

Le tableau intitulé *Tres de mayo* (« *3 mai* », 1814, musée du Prado) du peintre Francisco de Goya (1746-1828) évoque l'exécution, le 3 mai 1808, des prisonniers espagnols faits par les troupes françaises lors de la révolte du 2 mai à Madrid.

Au même moment, avec une armée composée majoritairement de nouvelles recrues et d'auxiliaires étrangers – les vétérans étant en Espagne –, Napoléon doit se précipiter sur le front de l'Est, contre une cinquième coalition (avril-octobre 1809) encouragée par ses revers dans la péninsule. La campagne s'achève bien par une victoire, lors de la bataille de Wagram le 6 juillet 1809, mais l'Empire a vacillé. Napoléon finit par s'impatienter du double jeu mené par Alexandre Ier, et bien que les deux empires soient alliés, il décide d'envahir la Russie à l'été 1812 avec les 450 000 hommes de la Grande Armée.

Les Français remportent la bataille de la Moskova (ou bataille de Borodino) le 7 septembre 1812, mais les pertes sont énormes et les conséquences limitées, l'armée russe n'étant pas détruite. Napoléon se lance à la poursuite de cette dernière, menée par le général Koutouzov (1745-1813), qui se dérobe tactiquement, allant même jusqu'à abandonner Moscou que les Français occupent le 14 septembre 1812. Jugeant la situation précaire, Napoléon décide alors la retraite qui, sous l'assaut de l'hiver et le harcèlement de l'armée russe, comme lors du passage de la Berezina en novembre 1812, est un désastre. Napoléon regagne précipitamment Paris.

LA CHUTE

La campagne de Russie, qui se solde par une défaite totale en ayant coûté la vie à 200 000 Français et à 300 000 Russes, enhardit les ennemis de Napoléon, qui forment une sixième coalition (1812-1814), comprenant même cette fois l'Autriche, pourtant liée à Napoléon par sa femme Marie-Louise. Ce dernier, à la suite de la défaite de Leipzig, le 19 octobre 1813, doit abandonner l'Allemagne, puis la Hollande, et se replier sur la France. Déjà, l'Espagne a été perdue en juin 1813. Début 1814, malgré les victoires de la campagne de France, Napoléon ne parvient pas à repousser les ennemis et, replié à Fontainebleau, abdique le 4 avril 1814.

Napoléon à Fontainebleau, le 31 mars 1814, tableau de Paul Delaroche, 1840.

Paradoxalement, de 1813 à 1814, Napoléon a remporté plus de batailles qu'il n'en a perdues. Il ne parvient pourtant pas à tirer les bénéfices de ses victoires. Les raisons en sont multiples, mais tiennent principalement à la détermination des ennemis, dont les peuples sont gagnés par un nationalisme encore diffus dans les années 1800, et au découragement généralisé de l'armée napoléonienne, dont les officiers exécutent mal, à contrecœur, voire simplement pas les ordres de l'Empereur. Certains vont même jusqu'à le trahir, notamment les corps auxiliaires composés d'étrangers, qui se retournent parfois contre lui en pleine bataille. Ce sont d'ailleurs ces généraux qui forcent Napoléon à abdiquer.

L'Empereur est alors assigné à résidence sur l'île d'Elbe, sur laquelle on l'autorise à régner sans partage. Il ne saurait toutefois, à 45 ans, se contenter d'un tel royaume, et, trompant les Anglais, il débarque en France le 1er mars 1815 avec un millier d'hommes. Son prestige est tel qu'il est acclamé tout au long de sa route, et que toutes les armées envoyées contre lui marchent finalement sur Paris à ses côtés, comme le maréchal Ney (1769-1815), rallié aux Bourbons en 1814, et qui avait promis à Louis XVIII de rapporter Napoléon dans une cage de fer.

À Paris, toutefois, plus rien n'est comme avant. La cour a disparu, beaucoup de membres de l'ancien personnel de l'Empire ont suivi Louis XVIII en exil. Napoléon est apathique, mal à l'aise, ténébreux. Afin de se faire accepter, il promet de se comporter en monarque constitutionnel et de conserver les chambres instituées par la Charte de Louis XVIII, mais cette entrave à son pouvoir lui est pénible, et ce d'autant plus qu'il souhaiterait avoir les mains complètement libres pour s'opposer à la septième coalition (mars-juin 1815) qui s'est rapidement formée à son retour.

C'est à Waterloo qu'a lieu la bataille décisive, le 18 juin 1815. Les armées ennemies sont menées par le duc de Wellington (1769-1852) pour les Anglais, et Blücher (1742-1819) pour les Prussiens. Rarement bataille aura été plus cruciale : vaincre, c'était obliger les coalisés à négocier et rentrer à Paris en position de force ; perdre, c'était définitivement dire adieu au pouvoir récupéré presque miraculeusement trois mois plus tôt. Une série d'erreurs tactiques, une sous-estimation de l'adversaire et des troupes sans expérience sont les principales causes de cette défaite finale, qui conduit à la seconde abdication de Napoléon, le 22 juin 1815.

Le saviez-vous ?

C'est à l'occasion de la bataille de Waterloo que le commandant de la garde impériale, Pierre Cambronne (1770-1842), aurait prononcé : « La garde meurt et ne se rend pas » et « merde » (Castelot (André), *Napoléon*, Paris, Perrin, 1968, p. 277) face aux Anglais qui l'engageaient à se rendre – deux mots qu'il a toujours nié avoir dits, et qui semblent bien avoir été apocryphes.

Napoléon, qui refuse le déshonneur d'une fuite, se livre aux Anglais et est rapidement envoyé à Sainte-Hélène, tant on craint que sa gloire ne ranime encore et toujours les passions. Même exilé au bout du monde, il reste une menace pour les alliés, et doit subir les tracasseries de son geôlier anglais. Il entreprend alors de confier ses réflexions sur sa vie aux proches qui l'ont accompagné et qui presque tous tiennent un journal, le plus célèbre étant Emmanuel de Las Cases (1766-1842). Mais ceux-ci finissent par quitter l'île les uns après les autres, et Napoléon est presque seul lorsqu'il meurt le 5 mai 1821.

RÉPERCUSSIONS

L'HÉRITAGE POLITIQUE

Dès avant sa mort, Napoléon est la grande référence du XIXe siècle, celle dont on se réclame ou celle à laquelle on s'oppose. Il est à l'origine du grand courant de pensée, le bonapartisme, qui domine l'histoire politique du siècle, et dont la portée est si vaste qu'il suscite l'adhésion tant de la gauche que de la droite. Tout dépend de ce que l'on retient des 20 ans de pouvoir de Napoléon. Pour les uns prime la confirmation des acquis de la Révolution ; pour d'autres, la personnalité de cet homme qui ne doit qu'à lui-même ce qu'il est devenu. D'autres encore valorisent la grandeur de la France et sa domination sur l'Europe. Tous retiennent les avantages d'un pouvoir fort tiré d'une légitimité populaire. Napoléon a su opérer une synthèse entre l'Ancien Régime et la Révolution, au point qu'on lui sait gré tantôt d'avoir renoué avec l'un, tantôt d'avoir sauvé l'autre.

Être bonapartiste, c'est donc être au-dessus des partis, et notamment des deux grands mouvements qui structurent la vie politique française au XIXe siècle : le monarchisme et le républicanisme. C'est ainsi que se présente Louis-Napoléon Bonaparte, neveu de Napoléon Ier, et futur Napoléon III. Le Second Empire (1852-1870), s'il débute sur un coup d'État, n'en suscite pas moins l'adhésion de la majorité des Français, qui espèrent retrouver avec lui un âge d'or fantasmé. Sa chute n'étant pas politique, mais militaire, le bonapartisme reste vigoureux après la fin du Second Empire. Toutefois, la mort du fils de Napoléon III, en 1879, les conflits qu'elle entraîne entre ses différents successeurs potentiels à la tête de la famille, et la stabilité de la Troisième République (1870-1940), à laquelle se rallient bon nombre de bonapartistes, signe le déclin politique de ce courant de pensée.

Mais l'œuvre administrative et institutionnelle de Napoléon a survécu au-delà des révolutions, des régimes politiques et des guerres. Les « masses de granit » existent pour la plupart encore aujourd'hui, et le Code civil, quoique remanié, reste d'actualité. C'est en bonne partie sous l'Empire que la centralisation administrative de la France a été réalisée. Plus globalement enfin, Napoléon est à l'origine de l'attraction française pour ce qu'on appelle le « grand homme », dont le général de Gaulle (1890-1970) profitera pendant la Seconde Guerre mondiale (1939-1945), puis l'instauration de la Cinquième République. Aujourd'hui encore, les hommes politiques ont tendance à se confronter à lui.

LA LÉGENDE NAPOLÉONIENNE

Au-delà des réalisations concrètes de Napoléon et de leur pérennité, c'est l'extraordinaire destin de l'homme qui fascine depuis deux siècles. Il n'est lui-même pas étranger à un tel retentissement. Depuis la première campagne d'Italie, il a habilement orchestré sa légende, rehaussant ses faits d'armes de récits épiques, insistant sur sa filiation avec les grands hommes du passé, Alexandre le Grand, Charlemagne (742/747-814) ou les monarques français. Les mémoires de Sainte-Hélène, qui seront publiés en 1823 par Emmanuel de Las Cases sous le titre de *Mémorial de Sainte-Hélène*, constituent le point d'orgue de la construction du mythe.

Le saviez-vous ?

Napoléon est, après Jésus-Christ, l'homme de l'histoire universelle sur lequel on a le plus écrit : « [Il] a inspiré plus de livres qu'il ne s'est écoulé de jours depuis sa mort » (Tulard (Jean), *Napoléon ou le mythe du sauveur*, Paris, Fayard, 1987, p. 14), soit plus de 80 000 titres, auxquels il faut ajouter un millier de films.

Cette mise en scène de soi-même aurait toutefois été impossible s'il n'y avait pas eu comme fondement une vie hors du commun. Parti de peu, parvenu à une hauteur vertigineuse dans la société humaine, il se retrouve brusquement mis au ban du monde. Il semble pourtant que la responsabilité de cette chute incombe moins aux coups des hommes qu'aux coups du sort, sentiment d'où surgit la figure éminemment romantique de Napoléon. On ne saurait non plus oublier la personnalité de l'homme. Même au faîte de sa puissance, il fait toujours preuve d'une austérité quotidienne, d'une grande proximité, surtout à l'égard de ses soldats, et d'une tempérance dans sa direction des affaires, qui contribuent significativement à forger son mythe : un empereur qui domine presque toute l'Europe en redingote grise et coiffé d'un bicorne sans ornement.

Napoléon a en effet toujours conservé la simplicité de son milieu. Il garde en lui les traces du temps où, boursier du roi et parlant le français avec un fort accent corse, il n'était qu'élève officier. C'est sans doute cette dimension de son histoire qui fascine le plus aujourd'hui. Il incarne le *self-made-man* par excellence, celui qui s'est affranchi de sa condition première pour parvenir, grâce à ses seules qualités, à s'imposer à l'élite de son temps. Il a pris en main son destin. En cela, Napoléon fait figure de précurseur du monde moderne et peut encore rester un modèle pour une société contemporaine pourtant de moins en moins sensible aux épopées et qui, depuis 40 ans, multiplie les ouvrages critiques à son égard.

Les reconstitutions contemporaines

Le bicentenaire des batailles de Napoléon, auxquelles a pris part toute l'Europe et qui passionnent encore aujourd'hui, est l'occasion de gigantesques reconstitutions commémoratives. La plus grande jamais réalisée en Europe, celle de Waterloo, qui s'est déroulée du 18 au 21 juin 2015, a rassemblé 5 000 figurants, 300 chevaux, 100 canons et plus de 200 000 spectateurs.

EN RÉSUMÉ

1769
15 août : Naissance de Napoléon Bonaparte

1792-1797
Première coalition

1793
Siège de Toulon

1795
Oct. : Insurrection royaliste à Paris

1796
Mars : Napoléon épouse Joséphine

1796-1797
Campagne d'Italie

1798-1799
Campagne d'Égypte

1798-1802
Seconde coalition

1799
9 nov. : Coup d'État du 18 Brumaire an VIII

1800
Napoléon est nommé premier consul

1801
Napoléon instaure le Concordat
1802
Napoléon est nommé consul à vie
1804
***2 déc.* : Napoléon est sacré empereur**
1805
Troisième coalition
21 oct. : Bataille de Trafalgar
2 déc. : Bataille d'Austerlitz
1806
Napoléon décrète le Blocus continental
1806-1807
Quatrième coalition
1807
8 févr. : Bataille d'Eylau
1809
Avril-oct. : Cinquième coalition
1810
Napoléon épouse Marie-Louise d'Autriche
1812
Campagne de Russie
1813-1814
Sixième coalition

1814

6 avril : **Napoléon abdique**

1815

26 févr. : Napoléon s'enfuit de l'île d'Elbe

Mars-juin : Septième coalition

20 mars-22 juin : Cent-Jours

18 juin : Défaite de Napoléon à la bataille de Waterloo

1821

5 mai : **Décès de Napoléon**

1840

Le corps de Napoléon est rapatrié en France

- Napoléon Bonaparte est fait général en 1795, nommé premier consul en 1800, à la suite du coup d'État du 18 Brumaire de l'an VIII, et sacré empereur le 2 décembre 1804.
- Les grandes victoires de Napoléon sont celles de Lodi et d'Arcole au cours de la première campagne d'Italie (1796-1797) ; des Pyramides et d'Aboukir pendant la campagne d'Égypte (1798-1799) ; de Marengo (1800) lors la seconde

campagne d'Italie (1800) ; d'Ulm et d'Austerlitz (1805) face aux Autrichiens et aux Russes ; d'Iéna, d'Eylau et de Friedland (1807) contre les Prussiens et les Russes ; et de Wagram (1809) contre les Autrichiens.

- Les grandes défaites sont celles de Trafalgar (1805) face aux Anglais, et de Waterloo (1815) face aux coalisés, auxquelles on peut ajouter la retraite de Russie (1812). Avant cela, l'expédition d'Égypte en 1798-1799 se solde par un échec militaire, mais est un succès scientifique.
- À partir de 1800, l'objectif fondamental de toutes les campagnes de Napoléon est de remporter la victoire sur les Anglais, ce qui le conduit à établir le Blocus continental, lequel l'amène à vouloir contrôler, soit par des alliances, soit par des annexions, toutes les frontières maritimes de l'Europe.
- Politiquement, Napoléon cherche à réconcilier les Français en se portant garant des acquis moraux et matériels de la Révolution française d'une part, et en favorisant les réparations à l'égard de ses victimes d'autre part.
- On entend par « masses de granit » la création des préfets, de la Banque de France, des lycées, de l'ordre de la Légion d'honneur, du

franc germinal et du Code civil, que l'on doit à Napoléon.

- Le Concordat, qui rétablit les relations entre la France et la papauté, est signé le 15 juillet 1801.
- Les attentats commis contre Napoléon, la menace des coalitions européennes et la volonté d'en finir avec la Révolution conduisent à l'Empire et à son corollaire, l'hérédité du titre.
- Très habile propagandiste, Napoléon est lui-même à l'origine de sa légende qu'il élabore au fil de ses conquêtes et de ses grandes réalisations, et qui culmine avec la publication du *Mémorial de Sainte-Hélène.*

Votre avis nous intéresse !
Laissez un commentaire sur le site de votre librairie en ligne et partagez vos coups de cœur sur les réseaux sociaux !

POUR ALLER PLUS LOIN

SOURCES BIBLIOGRAPHIQUES

- BAINVILLE (Jacques), *Napoléon*, Paris, Plon, 1933.
- BENOIST-MÉCHIN (Jacques), *Bonaparte en Égypte ou le rêve inassouvi*, Paris, Perrin, 1978.
- CASTELOT (André), *Napoléon*, Paris, Perrin, 1999.
- GUENIFFEY (Patrice), *Bonaparte : 1769-1802*, Paris, Gallimard, 2013.
- LENTZ (Thierry), *Napoléon*, Paris, Presses universitaires de France, 2004.
- TULARD (Jean), *Napoléon ou le mythe du sauveur*, Paris, Fayard, 1987.

SOURCES COMPLÉMENTAIRES

- CHAPPET (Alain), MARTIN (Roger) et PIGEARD (Alain), *Le guide Napoléon. 4 000 lieux pour revivre l'épopée*, Paris, Tallandier, 2005.
- CHAPPEY (Jean-Luc) et GAINOT (Bernard), *Atlas de l'Empire napoléonien, 1799-1815*, Paris, Autrement, 2015.

- *Fondation Napoléon*, www.fondationnapoleon.org.
- *La société napoléonienne internationale*, http://www.napoleonicsociety.com/
- TULARD (Jean), *Dictionnaire Napoléon*, Paris, Fayard, 1999.

SOURCES ICONOGRAPHIQUES

- Eau-forte de Gabriel Berthault représentant l'attaque de la Convention nationale le 13 vendémiaire an IV. La photo reproduite est réputée libre de droits.
- *Napoléon Ier quittant l'île d'Elbe*, le 26 février 1815, tableau de Joseph Beaume, 1836. La photo reproduite est réputée libre de droits.
- *Le général Bonaparte au Conseil des Cinq-Cents*, à Saint-Cloud, le 10 novembre 1799, tableau de François Bouchot, 1840. La photo reproduite est réputée libre de droits.
- *La bataille de Lodi*, tableau de Louis-François, baron Lejeune, 1804. La photo reproduite est réputée libre de droits.
- Tableau représentant la bataille des Pyramides. La photo reproduite est réputée libre de droits.
- *Bonaparte franchissant le Grand-Saint-Bernard*, tableau de Jacques-Louis David, 1801. La photo reproduite est réputée libre de droits.

- *Tres de mayo*, tableau de Francisco de Goya, 1814. La photo reproduite est réputée libre de droits.
- Napoléon à Fontainebleau, le 31 mars 1814, tableau de Paul Delaroche, 1840. La photo reproduite est réputée libre de droits.

FILMS ET DOCUMENTAIRES

- *Napoléon*, film d'Abel Gance, avec Albert Dieudonné, Antonin Artaud et Gina Manès, France, 1927.
- *Napoléon*, film de Sacha Guitry, avec Raymond Pellegrin, Danielle Darrieux et Michèle Morgan, France, Italie, 1955.
- *Guerre et paix*, film de Serge Bondartchouk, avec Lioudmila Savelieva, Viatcheslav Tikhonov et Viktor Stanitsyne, URSS, 1967.
- *Adieu Napoléon*, film de Youssef Chahine, avec Michel Piccoli et Patrice Chéreau, Égypte, France, 1985.
- *Napoléon*, mini-série d'Yves Simoneau, avec Christian Clavier, Isabella Rossellini, Gérard Depardieu et John Malkovich, France, Canada, 2002.
- *La Grande épopée de Napoléon*, documentaire de David Grubin, États-Unis, 2011.

- *Comment devient-on Napoléon ?*, in *Secrets d'histoire*, présenté par Stéphane Bern, France, 2015.

LITTÉRATURE

- BALZAC (Honoré de), *Le Colonel Chabert*, 1844.
- DUMAS (Alexandre), *Le Chevalier de Sainte-Hermine*, 1870.
- STENDHAL, *La Chartreuse de Parme*, 1839.
- TOLSTOÏ (Léon), *Guerre et paix*, 1869.
- VIALLET (Pierre), *Un rêve de Napoléon*, Paris, 2000.

MUSÉES

- Le château de Malmaison (France).
- Le château de Fontainebleau (France).
- Le château de Compiègne (France).
- Le musée du Louvre à Paris.
- Le musée de l'Armée à Paris.
- La maison Bonaparte à Ajaccio.
- Le musée Napoléon sur l'île d'Aix (France).

L'éditeur veille à la fiabilité des informations publiées, lesquelles ne pourraient toutefois engager sa responsabilité.

www.50minutes.fr

ISBN ebook : 978-2-8062-6692-7
ISBN papier : 978-2-8062-6693-4
Dépôt légal : D/2015/12603/300
Photo de couverture : *Napoléon traversant les Alpes*, 1800 , Jacques-Louis David
© Wikimedia Commons. L'image reproduite est réputée libre de droits

Conception numérique : Primento, le partenaire numérique des éditeurs